아들의 지갑 속으로
들어갈 수 있는 영광이 있을지 몰라!

아들의 지갑 속으로 들어갈 수 있는 영광이 있을지 몰라!
시산맥 서정시선 074

초판 1쇄 발행 ǀ 2021년 1월 1일

지 은 이 ǀ 왕광옥
펴 낸 이 ǀ 문정영
펴 낸 곳 ǀ 시산맥사
편집주간 ǀ 김필영
편집위원 ǀ 강수 오현정 정선
등록번호 ǀ 제300-2013-12호
등록일자 ǀ 2009년 4월 15일
주　　소 ǀ 03131 서울특별시 종로구 율곡로 6길 36,
　　　　　월드오피스텔 1102호
전　　화 ǀ 02-764-8722, 010-8894-8722
전자우편 ǀ poemmtss@hanmail.net
시산맥카페 ǀ http://cafe.daum.net/poemmtss

ISBN 979-11-6243-157-3　03810

값 9,000원

* 이 책은 전부 또는 일부 내용을 재사용하려면 반드시 저작권자와
  시산맥사의 동의를 받아야 합니다.
* 이 도서의 국립중앙도서관 출판예정도서목록(CIP)은 서지정보유통지원
  시스템 홈페이지(http://seoji.nl.go.kr)와 국가자료종합목록 구축시스템
  (http://kolis-net.nl.go.kr)에서 이용하실 수 있습니다. (CIP제어번호 :
  CIP2020053457)
* 이 시집은 교보문고와 연계하여 전자책으로도 발간됩니다.

아들의 지갑 속으로
들어갈 수 있는 영광이 있을지 몰라!

왕광옥 시집

* 본문 페이지에서 한 연이 첫 번째 행에서 시작될 때에는 〈 표기를 합니다.

■ 시인의 말

우리 밭에 있는 보리

새가 다 먹어부네
먹어라고 그냥 두세요
새도 먹고살 것이 있어야 살지
안 먹고 날아다닐 수 있나요
새 먹어라고 심었어!
아니요
봄에 보릿국 끓여 먹으려고 심었는데
다 어디로 가 버리고
이거 남았는데 새들 먹어라고 두세요
묵은쌀도 새들 갖다주는데요
그러니까 새들이 여기 모이지!
그래도 고구마도 감자도 토란도 못 캐 먹어요
나머지는 다 내 꺼죠
할머니랑 나랑 허허허 웃으며
그것도 좋은 일이제!
할머니! 농사가 쪼끔이니까 그렇지
다른 사람한테는 말하지 마시오, 잉
욕 얻어먹어요
알았어! 알았어!
하며 지나가신다

2020년 12월, 왕광옥

■ 차 례

1부

원초적 사랑 - 19

서지현 임현정 검사 - 20

베란다 꽃의 반란 - 21

賞아! 너 잠자니? - 22

개의 항변 - 23

너희들은 몰라 헌신적 사랑의 법칙을 - 24

당신의 추락을 50%는 막았어! - 26

자화상 - 28

나는 왜 시를 쓰는가 - 30

박항서의 정열 - 32

그래도 괜찮아! - 33

무등산 수박 예찬 - 34

2부

코스모스와 노는 바위 - 39

애기똥풀 - 40

애기사과 - 41

민들레 홀씨 - 42

나팔꽃 - 43

와송 - 44

얼마나 청초한가 - 45

왜 그렇게 멋있어 분다요 - 46

큰언니 - 48

아들의 지갑 속으로 들어갈 수 있는 영광이 있을지 몰라!! - 50

물에 빠진 얼룩풍뎅이를 구하다 - 52

르노아르의 풍경화 같은 세상 - 53

3부

어젯밤에 살짝 비가 왔는데 – 57

분꽃 – 58

포도주 – 60

김이 모락모락 나는 삼립 호빵 같은 거! – 62

우리 동네 – 64

거기도 아름다운 세상일 거예요 – 66

늑대야 친구가 되어주지 못해 미안해 – 68

이렇게 멋있는 봄을 – 70

붓 벼루랑은 필요 없소 – 71

이제 가을을 만나려면 골짜기에 가야 한다 – 72

스스로의 힘으로 – 74

시클라멘 – 76

4부

철쭉이 피고 싶어 침 흘리며 머금고 있다 – 79

통일아 뭐하니? 빨리 와 민들레꽃과 함께 – 80

어느 집 가정의 정원수이고 싶소 – 82

강 건너 그 마을에 가시거든 – 84

앞에 있는 산이 무너진다 – 85

천경자 위작 판결에 대하여 – 86

풍란 – 87

통일 되면 통일 분담금 많이 내도 좋을 것 같습니다 그래! – 88

인상여의 뱁보 – 90

여름을 확 베어 문 느낌! – 92

연탄 놀이합시다 – 94

구천은 멋있는 사람이야 – 96

5부

패왕은 패왕다워야 - 101
쇠똥구리는 쇠똥 굴리는 것만큼의 행복을 - 102
내 글을 읽고 이런 말을 해줄 수 있는 사람 - 104
안주가 되어주는 명태가 진짜 시인이 아닐까! - 105
그게 바로 시인과 시인 아닌 사람의 차이요 - 106
시인 하고 짝꿍하기 어렵소! - 108
휘두르는 대로 쳐다만 볼 뿐 - 110
패미니즘이 있는 마을로! - 111
장정일 씨 혼자 가슈 - 112
나는 더 큰 단추를 갖고 있다 기능도 더 좋은! - 113
외갓집 - 114
너의 한국식 절도 멋있었어! - 116

■ 해설 | 박철영(시인) - 119

1부

원초적 사랑

장마여서
여기도 촉촉 저기도 촉촉
무당벌레가 사랑터로
꼬실꼬실한 자갈밭을 선택했네요
무당벌레야
내 눈도 가려야지!
부끄러우면
자기가 감는 거예요!
저기에 있는 풀들도 나무도 다 자고 있어요!
우리의 사랑이 끝나면
다 깨어날걸요……
이것이 자연이에요

서지현 임현정 검사

듣기만 해도 서늘한 검사라는 직함
그런데 그보다 더 높은 써늘한 검사는
장례식장서 성희롱 어쩌고저쩌고

그러면 우리 같은 여편네들의 자리는 어땠을까
 남편부터, 자식부터, 직장에서의 편견, 사회에서의 무시

그냥 살아가는 여편네들의 항변을
몸으로 대변해 주시는구랴
여편네들이 항변해봐야 헤픈 여자밖에 더 됩니까!

서지현, 임현정 검사님
지금은 서늘한 검사가 아니라
우리의 따뜻한 검사로 느껴집니다

베란다 꽃의 반란

겨울이 되니
모든 화분들이 베란다에 모여 나에게 항의한다
주인 물러나라! 이게 꽃밭이냐!
꽃을 존중하라
꽃의 자존심을 읽어라

그래도 나는 주인님이 좋아!
주인님은 나를 시로 봐주시거든!

게발선인장! 고맙다
난 널 11월만 사랑했던 거 같아!
이쁘게 피워줘서 고마워!

賞아! 너 잠자니?

5월 2일인데 강풍이 분다 태풍처럼!
단층집 살 땐 몰랐는데
5층에선 바람이 지나는 소리가 보인다
쌔앵 쌔앵 복도 앞 이깔나무에도 바람이
화가 난 사자처럼 휘몰아쳐 지나간다
아니 바람이 세상을 때리며 간다
히틀러의 모습으로 또는 쿠바의 카스트로처럼……

자목련의 마지막 한 송이의 꽃마저 데려가 버린다
노랑이는 집 속에 숨어 보이지 않고
나 홀로 집 속에 숨어 커다란 개가 되어 있다
나는 노랑이에게 밥을 갖다주는데
나는 누가 있어 밥을 갖다주나
수필집 읽다 요리책보다
그래도 심심하면 나물 캐러 나가는데
비 오고 바람 불고 다들 개 되어 갇혔구나
신인상 연락이나 오면 좋으련만
賞아! 너 잠자니?
나한테 오면 맛있는 쑥 된장국을 끓여 주고 싶구나

개의 항변

나는 사람과 그래도 친하다고 생각했는데 사람들은 아니었어!
어느 전철역에서 어떤 사람이 갑자기 옷을 벗었어!
그랬더니 사람들이 "개지랄하네" 하더군
개가 지랄했나, 사람이 했지!

그 사람 옷에는 노숙한 듯 기름이 잔뜩 끼어 있었대
사람들의 말 "개기름 끼었네" 했다더군
개는 그 사람 옆에 가 보지도 않았는데 어찌 개기름이 끼었담……
사람의 눈에는 개를 사랑한 척하지만
뭉개고 밟고 퉤퉤 뱉고 싶은 충동이 있는 거야
밟아버려야 시원한……

성악설을 얘기하면
개가 웬 철학 하겠지만
믿을 수 있는 건 오직 나 하나
개 마음뿐인 거야

너희들은 몰라 헌신적 사랑의 법칙을!

시장 가는데 가까운 길 놔두고 꽃길을 선택했다
아파트 담에 가려 영양이나 섭취했을까 했는데
해맑은 벚꽃이 탐스러이 만발이다

초록이 없는 나무
태양을 따다가 겨우내 품어 만든
흰색인 듯 연분홍인 듯 만발……

내 눈에 이쁘니 벌의 눈에도 이쁘겠지
아니 벚꽃은 나를 위해 피는 게 아니고
벌을 유혹하기 위해 피었으니
벌의 눈으로 보자
저 많은 꽃 속에 꿀이 들어 있으니
이 집 저 집 안 들릴 수도 없고
다리는 아프고 실컷 꿀은 먹었으나
배불러 여왕님 보기 민망하고
열심히 일했으나 여왕님은 딴 사내 편애하고
내가 수컷인지 암컷인지 모르지만
내가 여왕님을 사랑하니 그게 바로 사랑 아닌가!

가장 싱싱하고 맛있는 꿀을 따서
여왕님께 드려야지
그리고 고백해야지 "나는 여왕님을 사랑한다오"
……………
열심히 싱싱한 꿀을 드려야지!

뭐! 나더러 바보라고……
"그러니까 넌 벌밖에 안 되는 거야"
벌이 아닌 인간인 너는 항상 만족하니?
벌이여도 여왕님이 있어 난 항상 행복한데……

너희 인간들은 몰라 헌신적 사랑의 법칙을!

당신의 추락을 50%는 막았어!

마음이 아프지만
서울특별시장장으로 장례를 치르다

이건 아닌 것 같다
자살을 택한 건
사건을 인정하는 거나 같은 거 아닌가
부산시장이 TV에 나왔을 때
뻔뻔하게 보였어!
공소권 없음이란 제도
깨끗하게 처리할 수 있는 거 같아
안희정도 멋진 사람이라 생각했는데
모친상 때문에
교도소에서 나오는 모습 초라했다

멋지게 살았고
갔어도
초라한 모습 보이지 않아
당신의 추락을 50%는 막았고
다 털려진

안 씨보다도 오 씨보다도 더 나아
내 생각일 뿐이야
마음은 아프지만 가족장이 옳았어!
내 머릿속에
인권 운동가란 과연 무엇인가
내로남불이란 말
점점 내 가까이 다가온당께

자화상

오감길 등산로 교차로 길 건너에
초등학교 동창 아버지가 서 계신다
같은 반이 한 번도 된 적이 없어 이름도 모르고
그저 동창이라는 것만 안다
이름도 모르는 동창 아버지를 알 리는 만무하다
그러나 그만한 키에, 그만한 몸짓, 그 표정
붕어빵이라는 말은
바로 이럴 때 쓰는 말이구나
단지 많이 늙었고, 조금 추레하고, 힘이 빠져버린 거 같은 몸짓,
아는 체를 해야 하나, 아니 그냥 지나가 버려야지!
알지도 못할 텐데······
햇볕은 뜨거운데 한적한 길이여선지 신호가 길다
파란불이 들어오고
엇비끼는데 아는 체를 할 듯 말 듯한 동창 아버지
아니 나의 동창 똥강아지
아버지가 아니고 나의 동창이었구나
························
쓰디쓴 약 같은 침이 나의 입안에 흐른다

많이 늙었고
조금 추레하고
힘이 빠져버린 거 같은 몸짓
아!
내 모습……

나는 왜 시를 쓰는가

이 나이가 되도록 나는 왜 詩를 쓰는가

돈도 안 되는 詩

국 끓여 먹을 수도 없는 詩

당선됐다고 좋아했다가

너와 너의 무덤 속 지인까지 초대해 놓고

하이타이 거품처럼 사라지는 꿈들!

아니! 詩들!

왜 시를 쓰냐고?

좋아서!

시를 쓰면 행복해져서!

시를 쓰면 세상이 차분히 내 가슴에 들어와서!

개풀 뜯어먹는 소리 하고 있다고……

맞아!

개풀도 뜯어먹을 수 있는 시인

시라면

개풀도 맛있을 것 같아……

나는……

박항서의 정열

2018년 12월 15일 스즈키컵 베트남 우승
나도 우리나라가 우승한 것만큼 좋다
괜히 미안한 마음이 조금 감소한 듯 가볍고 좋다
박항서! 화면에 비치는 저 정열
나도 한번 갖고 싶다
베트남 제일 높은 사람인 듯
박항서와 악수하며 두 엄지손가락을 치켜세워 줬어!
관중석에도 태극기가 휘날렸지만
우승 뒤 선수 한 명이 태극기를 몸에 감싸고 있었어!
눈물이 나왔어!
우리의 진심은 아니었을지라도 베트남에 끼친 상처
미안하구
이념을 넘어 출렁이는 저 환호!
박항서가 이긴 듯 출렁였어!
대머리가 저렇게 멋지게 보일 줄 꿈에도 몰랐어!
박항서, 베트남이여, 영원하라……

그래도 괜찮아!

해가 떴습니다
어제의 해인데
새해라고
인간들은 우깁니다
해는 마악 웃겠지요
바보들이라고……

그래도 괜찮아
맘먹기 달렸거든!
해야!
알았니?

무등산 수박 예찬

무등산의 뿌리를 먹고 자라기에
넌 그렇게 힘차나 보다
파아란 듯 줄무늬가 탁하게도 보이련만
흰빛 태양 아래 사나이처럼 떡 버티고 선 너는
여름과 씨름하는 백두장사

여름 색 짙은 초록빛을
주먹으로 툭 내려치면
설탕으로 이어놓은 듯한 빨간 선들은
까아만 이를 내보이며 태양을 향하여 외친다
보아라
이 무등산의 참멋을!
무등산의 진실을!
살아 날아오르는 싱그러움을
어찌 인간의 힘으로 만들 수 있으랴
그건
무등산의 힘
무등산의 노력

〈
너의 줄기는 무등산의 살이 되어
또 다른 푸른빛으로
전라도의 혼이어라

2부

코스모스와 노는 바위

코스모스 너는
심심하지 않아 좋겠다
저렇게 미남 바위와 날마다 노는 너는
신선!
아니
바람난 막내래도 이쁘겠다

애기똥풀

순수 그 자체죠
똥 해도 더럽지 않은 꽃
내 가슴에 박아 놓고 싶은 꽃

소리쟁이가 친구 하자고 손을 쑤욱 뻗어와 속삭이네요
"넌 왜 그렇게 예쁘니?
그래서 시인이 널 사랑하나 봐!"

꽃잎을 따서 짓이겨 보았죠
내 아가의 노오란 것이 거기 있었죠

지금은 내 마음을 아프게도 하지만
그래도 내 아들이죠

하나만 아니고
고아원처럼 애기똥풀처럼 많았으면 좋겠어요

왜 그렇게 내 마음이 아련해질까!
이제 나도 접기 시작해야 되는 나이가 되었구나
....

애기사과

참 예쁘다
이렇게 조그만 사과를
애기 머리만큼 크게 만든 이 누구인가
인간!
바로 나
작고 쓰고 떫고 맛없는 사과를
달고 시원하게 만든 이 인간 아닌가!
나무를 위해 만들었나?
새 같은 짐승들을 위해 만들었을까!

그리고 이제는 인간의 눈요기를 위해
다시 원래대로 만든 인간!
체육관 경관을 위해
길거리 지나는 나그네를 위해
먼지 뒤집어쓰고 서 있는 애기사과로 만든 이
그게 바로 인간이라오
바로 나라오
애기사과여!

민들레 홀씨

흔하디흔한 풀이지만
앞뒤 어디를 보아도
한 치 흐트러짐이 없는 너
동그란 보물 같은
부서질 것 같아 가만히 만져 본
동그라미 씨앗
비행하기 알맞은 날개
훨훨 날아서
어디든 피워주는 너
넌 영웅이야

나팔꽃

너는 시원하겠다
할 말 다하고 살잖아!
뭔 말이다요
내가 나팔처럼 생겼다고
할 말 다하구 산다고 생각하우
나는요 혼자 설 수가 없어 남을 의지하구요
아무리 예쁘게 웃어도
풀이라고 싹둑싹둑 잘라버리구요
어렵게 다시 일어나도
징그럽게 끈질기다고 눈 흘깁디다
난 순수하다고 크게 크게 나팔 불어도
넌 풀이야, 하고 침을 뱉습디다, 그려!

와송

보았수!
기와 위에 핀 소나무!
꽃이 많이 피었어!

가려나 봐!

얼마나 청초한가

이용대 체육관 가는 길목에서 찍은 사진인데
흔하디흔한 국화보다 귀하게 보이지 않아?
풀꽃이지만
국화보다 흔하지 않고
너무 많이 피어 있어 천하지 않고
자연 속에 있어 억지스럽지 않고
지금 막 피어 있는 꽃도 있고
시들어 가는 꽃도 있고
씨앗도 있어 자연의 이치가 그 속에 있네
얼마나 청초한가!
들꽃……

왜 그렇게 멋있어 분다요

추나라 목공은 쭉정이만 새들에게 주었다
그러니 쭉정이가 알곡보다 비싸게 되었다
추나라 목공이
알곡보다 비싼 쭉정이를 사다 새들에게 먹이니
신하가 "알곡을 사다 먹이는 게 더 이익입니다" 하니
백성들이 피땀 흘려 만든 곡식인데 어떻게 새 따위에게 먹이겠는가
궁궐의 것이 내 나라의 것이 아닌가
알곡이 궁중의 창고에 있든 백성의 곡간에 있든
무슨 차이가 있겠는가!

왜 그렇게 멋있어 분다요
지금 부잣집 우리나라의 개들은
사람보다 훨씬 호강하며 산 다메요
국민의 노력과 노동
국민이 팔아주어 이룩한 富인데
지금 수출해서 번 돈이라고 국민을 개 취급도 안 한 다면……
　　………

진정
국중의 알곡이 나가서 내 백성의 입으로 들어간들
그것이 내 나라의 것이라고 생각하는 윗사람은 몇 명이나 될 것인가
추나라 목공이여!
당신을 존경합니다

큰언니

라디오를 무척이나 사랑하던 꿈 많던 소녀
꿈을
엽서에 음악에 담그던 소녀
그 소녀는
세 아이의 엄마가 되었다
사슴보다 더 긴 모가지에
낙엽을 떨구는 살랑바람에도
휘 날아가 버릴 것 같은 모습으로
음악 같은 건 아예 잃어버린 듯
낙엽 같은 건 아예 눈먼 봉사처럼
당신은 그렇게 변했더이다
막둥이에겐 그렇게 무섭던 호랑이 누나는
이 빠진 호랑이가 되어 그저 내 가슴이 축축하더이다

그러나 당신은 너무나 강하더이다
당신의 들엔 나팔꽃 사루비아 봉숭아를 넓게 심고
이상과 동떨어진 당신의 남자 앞에
배우지도 않은 스키어를 신고도 엄마의 너울을 쓰고
잘도 견디더이다

〈
언제쯤 박차고 일어나
엽서 띄우던
이젠 고운 새움이의 엄마이구려

아들의 지갑 속으로 들어갈 수 있는 영광이 있을지 몰라!!

외삼촌 집엘 갔다
첫눈에 들어오는 것, 외할아버지와 외할머니의 사진이었다
오십 년 전에 돌아가신 할아버지
벽에 아이들 유치원 졸업 사진과 같이 걸려 있었다
누렇게 바랜 채
조금은 삼촌이 달리 보였다
내 어린 생각에 효자라고 생각해 보지 못했는데……
벽에 붙은 사진은 뭔가를 말해주고 있었다

나도 이제 영정사진을 준비할 때가 되었더라고……
큰-걸 찍을까 생각해 보았다
나중에 내 아들이 귀찮아하지 않을까!
걸어나 둘까!
조그만 걸로 찍으면 서랍 속에라도 넣어두지 않을까!
아예 나의 요람으로 가져간다 할까!

〈
내가 죽은 뒤라도
조그만 그림이 되어
아들의 지갑 속으로 들어갈 수 있는 영광이 있을지 몰라!!

물에 빠진 얼룩풍뎅이를 구하다

밭에 가니 얼룩풍뎅이가 물에 빠져 있었다
움직임이 없는 것이 죽어 있는 것 같았다
그래도 건져주고 싶어 막대기를 넣었더니
놀랍게도 막대기를 잡았다
얼른 건져서 땅 위에 놓았더니.
느리게 걸었다
나 극락에 한 발짝 다가선 거 맞죠?
인공호흡까지 시켜주었더라면
먼 날에 갈
극락에 예약했을 뻔 후후후

르노아르의 풍경화 같은 세상

집 가까이 있는 줄도 몰랐는데
산수유가 노오랗게 피었더라구요
학교에 다니느라 다른 것에 관심 두지 않았기 때문일 거야
나는 봄을 만난 듯 산수유 앞에서 황홀경에 빠졌어!
이렇게 뻣뻣한 줄기에서 샛노란 꽃잎을 피우다니
자연은 정말 위대하다 못해
꿈속 요술 할머니의 실타래 같기도 하다
산수유야!
겨우내 노오란 꿈을 꾸었니?
나도 파스텔 색조의 풍경화 같은 꿈을 꾸면
내년에 르누아르의 풍경화 같은 세상이 나에게 올까!

3부

어젯밤에 살짝 비가 왔는데

어젯밤에 살짝 비가 왔는데
아침에 밭에 가 보니
고구마 순이
쑥쑥 올라와요
옆집 콩밭에는 콩이 쑹쑹 올라오고
산비둘기가 나에게
애원하네요
먹고 싶다고……

분꽃

어쩌면 저리도 앙증맞은 얼굴일까
벽계수를 부르는 황진이 얼굴 같기도 하고
토지의 서희같이 야물 찰 것도 같은
너의 얼굴은
부끄러운 것들 받아들이지 않을 듯
긴장된 모습으로 나를 바라본다

허수아비 서 있는 들판을 오가는 유일한 나의 관객
온종일 보아도 보이는 건 초라한 모습의 풋호박 같은 여인네
달롱달롱 매달리는 아들 녀석과
허수아비 서 있는 들판을 오가는
유일한 나의 관객
꿈은 어디다 뒀수?

분아!
난 꿈을 버리지 않아
아직 펴지 않았을 뿐이지!

〈
아직도 보여주지 않는다면
내일 다시 오지요

오늘도 분꽃은
꽃잎을 접습니다

포도주

커다란 항아리 속에
짙은 보랏빛 포도를 안았건만
뱀이
또아리를 틀고 있는 무시처럼
겁나고 멀어라

한 해
두 해
세 해
보랏빛 차가움이 향내 되어 전해올 듯
유리관에 보랏빛 향내가 잠들다

남자의 소유인 양 버려진 양주병에
보랏빛 향내를 담다
무시무시하던 그 보랏빛은
내가 담아둔 병 속에
둥글게 누워 있다
하루
이틀

사흘
친한 친구처럼 보랏빛은 내게 오다

벼를 거두어간 논처럼
허허로운 마음속에
부슬부슬 비가 오고 바람이 불다
찬장 위에 놓인 보랏빛을 탐하다
잔 가득히 따르리라
떨리는 듯 퍼득이는 보랏빛
엄지 검지로 꼬옥 잡힐 것 같은
보랏빛은

유리 달린 진열장 안에
어쩔 수 없는 웃음을 흘려야 하는 자신을 아는 것 마냥
차디찬 표정으로
휘— 뒤돌아가 버린다

김이 모락모락 나는 삼립 호빵 같은 거!

지금 시는 수학이다
옛적에 국어 선생님이 설명하는 시는 감동이었다
이용악의 시를 읽으면
지금도 그 감정에 빠진다

도서관에서 시집을 열 권씩 빌려다 읽고 또 읽는다
읽을수록 시는 수학이더라
짜고 비틀고 시클로프스키의 문학론과 딱 맞아떨어지더라

지금 시는
문학론에 의거 백점 만점에 백점이지만
감정은 없고
문학계엔 형태만 있는 백점만 난무하더라

시라는 게
덧셈 뺄셈 지나 방정식 같은 건 수학도 아니고
피타고라스의 정리 같은 건 수학 측에나 낄려나
지금 詩는 미분이고 적분이더라

수학은 대체로 0이던지 1이란 답이 있지만

시란 빵이더라
둥근 오븐에 빙글 빙글 돌아가는, 지금은 수퍼에 없는
김이 모락모락 나는 삼립 호빵 같은 거!

*시를 빵이라고 몰아붙여 보지만 그래도 생각나고 그리운 건 시다, 삼립호빵처럼

우리 동네

광대나물꽃이 여기저기 삐긋삐긋
촌스런 우리 마을
오라지 않아도 그냥 날아와 매화 목련을 피우고
살구꽃 벚꽃 요란스러이 피었다
오랑캐꽃 민들레 조팝나무꽃
대광교회의 홍매화도 배경처럼 피어 있다
마을로 들어서면 대리천이 있다
시베리아로 가는지 연못 같은 냇가에 한 열흘쯤
머물다 가는 오리들 오늘 떠난 거 같다
저렇게 조그마한 게 어떻게 시베리아까지 가는지
오리야 궁금해!
길 잃은 새들도 있을 텐데
니 목에 나침판이라도 걸어주고 싶구나
그냥 시베리아로 날아만 가는 게 아니고
날개도 쉬어주고 영양도 보충해 주고
좋은 곳은 다 들리겠구나
새(鳥)로 태어난 건 행운인 거 같다
물론 독수리 같은 새들의 공격도 있겠지만
아프리카 초원의 소 떼들

악어의 공격을 받으며 물속에 뛰어드는 걸 보았다
먹이를 찾아 이동하는 짐승들
우리 인간도 몇 천 년 전에 그랬었지
지금도 이동하며 사는 민족이 있지!
오리야!
촌스런 우리 마을까지 와 줘서 고마워!
광대나물꽃의 향기를 맡고 온 거 같다는 생각이 자꾸 들어
우리 마을에 맨 먼저 광대나물꽃이 피드라고……
우리 마을에 언제까지 광대나물꽃이 피었으면 좋겠다
촌스런 우리 마을
한고을이라네
새야! 잊지 마! 한고을을!

거기도 아름다운 세상일 거예요

세상사
참 힘들었지요
만연사 내려오는 길에 지게 바쳐 놓고 수백 번 썼던 시와
지금 세상에는 없는 풍속도 같은 이야기를 거침없이 하시던 당신
동구리 이야기며 저수지 이야기 수만리 이야기
이젠 누가 쓰나요
오늘따라 그 마을들이 희미하게 보입니다
당신을 잃은 탓이겠지요

이제사 조그만 사무실 열고
옹기종기 꾸며 놓은 터
나도 사무실 하나 가졌으면 했을 땐
뿌듯이 웃던 당신
나무 하던 시절
노가대 하던 시절
방황하던 시절도
숨김없이 얘기하던 당신

고개가 많았을 거예요 산이 많았을 거예요
그러나 비탈길을 미끄러져 내려오듯
썰매는 쉼 없이 내려갔어요
스키어처럼 고급어가 아니면서
유행가 가사처럼 유창어가 아니면서
토속적이며 화순적이며 애향적인 당신의 글을

그날은 무얼 보았나요 무얼 쓰려 하셨나요
윤산 씨
거기도 여기와 똑같지요
다른 건 여기 있는 사람은 거기에 없다는 것뿐일 거예요

당신은 당신의 이름처럼 당신 속으로 간 거예요
그래서 세상은 슬프지 않고
누구나 다 산으로 간 걸 거예요
거기 아름다운 세상에서 더 좋은 글 쓰기 바라며……

늑대야 친구가 되어주지 못해 미안해

서울 대공원에서 광릉수목원으로 옮기려던 늑대 한 마리가
탈출했다는 뉴스를 접하고 나서
내 가슴은 뛰었다
두려우면서도 고향인 자연으로 돌아갔구나 생각하니
가슴이 싸-하고 시러웠다
꽁꽁 숨어라 머리카락 보일라
늑대 보일라 하는 동요가 부르고 싶어졌다
뉴스를 계속 보며 잡히지 않는 늑대에게 박수를 보냈다
다음날 뉴스에
늑대가 배가 고파 우리를 찾아왔다고 한다
늑대야!
오 년 동안 우리에 살았다고
우리에 다시 찾아오면 어떻게 해! 넌 늑대잖아! 광야를 휘젓는……
멀리 가서 아들 낳고 딸 낳고 지리산 장군이 반돌이처럼
늑대 가족이야기를 꾸며주길 바랬는데
하루가 가려는 늦은 저녁
늑대가 서른세 시간 만에 잡혔다는 뉴스를 보았다
힘이 빠졌다

마취총에 시신처럼 올가미를 쓴 채 돌아온 너
자연은
등산객도 늑대도 공유해야 하는 것이 아닐까
자연 속의 한 마리 늑대마저도 용서치 않은 우리들
자연으로 돌려보낸 지리산의 곰들도
사실은
인간들의 허영은 아니었을까!
인간의 욕심은
눈 덮인 히말라야도 정복해 버리고
더 높고 더 어려운 곳을 향해 가는
그들이 진정 영웅이었나 생각하게 한다
이리를 사랑하는 정글북의 모글리처럼
나는 한 마리 늑대의 아키라 같은 친구가 되고 싶었는지도 모른다
잠시였을망정 우리 밖 너를 많이 사랑했단다
늑대야 !
아키라 같은 친구가 되어주지 못해 미안해
언젠가 너도 지리산의 늑대가족 이루기를 기도할 게
우리 가족 모두는 너희들의 아키라 같은 친구가 되기를 꿈꾼단다
늑대야 많이 많이 사랑해!

이렇게 멋있는 봄을

이렇게 멋있는 봄을
누구한테 줄 사람이 없구려!
갖고 싶은 사람
그냥 다 가져요
묻지도 따지지도 않는
봄이라오

붓 벼루랑은 필요 없소

김 삿갓을 만나니 시를 한 수 읊고 싶어진다
김 삿갓이 읊었는데
나라고 못 읊을까!
삿갓이여!
난 모자를 쓰고 시를 읊을까 하오
내가 오거든 빨리 이곳에 오시오
붓 벼루랑은 필요 없소
내가 볼펜 한 자루 가져갈 테니
무거운 지필묵은 남겨 두고 오시오
내 다음 세대와 글을 논할 때는
보지도 못했을 태블릿피시 노트북 등
들고 나올 터이니
강 건너 나라에서 살지라도
열심히 공부하고 나오시오
김삿갓은 영원히
우리의 시인이어야 하니까요

이제 가을을 만나려면 골짜기에 가야 한다

축제가 읍에서 열리니 좋다
누구나 남산이니 가볼 수 있고
수만 송이 꽃을 무료로 감상하려 하니 미안한 마음도 있지만
어찌 됐든 좋은 세상이다
걱정도 된다
밑져도 본전은 되어야 되는데 아무리 계산해 봐도 본전 가장에도
못 가볼 것 같으니……

수만 송이 꽃은 저마다 예쁨을 뽐내지만
어디 어디서 다 해본 끝이라 새로움이 없고
먹거리 판만 신이 났다

길거리에도 국화판이다
꽃이 너무나 흔하니 꽃이 꽃이 아니고
꽃 속에 가을이 묻혀버린 형국이다
도망가 버린 가을이 저쪽 먼 곳에서 숨을 할딱인다
옛날에는 내가 가을의 왕이었는데

국화의 시녀 노릇을 하라니……
 "죽으면 죽었지 시녀 노릇은 안 할란다" 하며 골짜기에 숨어 있다
 이제 가을을 만나려면 골짜기에 가야 한다
 국화도 가을꽃이지만 탑도 되고 오리도 되고 소도 되고
 인간이 원하는 형상이 되어 있다

 가을을 만나려면 골짜기에 가야 한다
 거기엔 순수한 자연을 먹고 자란 단풍이 빠알갛게 피어 있다
 언제 또 인간이 그 골짜기를 정복할지 모르지만……

스스로의 힘으로

나의 화단 조그만 아파트 베란다에
발 디딜 틈 없이 많던 꽃들을 줄여
약초로 바꾸었다
약쑥, 알로에, 허브 등
제라늄도 키운다 사시사철 꽃 피우는 제라늄
싫증이 났다가도 푸른 잎도 이쁘고
냄새도 있어 벌레도 오지 않고 좋다

알로에!
자기네 나라도 아니면서 당당한 너의 모습
"아프리카로 보내줘" 하는 제스처는
어느 여신 못지않다만
너의 뿌리가 파트라의 손을 붙잡는 날
아랍 여성들의 히잡이 벗겨지고 숨겨진 여성성이 뛰쳐나와
말도 안 되는 종교 분쟁 같은 거 날려 버리고
우리나라 종교를 수입해 갈지도 몰라
시어머니는 부처님, 며느리는 하나님,
한 상에서 같이 밥 먹어도 다 자기 갈 길 가는데

종교 때문에 죽어가는 사람들
누구의 잘못일까!
열 달 동안 고이 길러 배 아파 낳은 자식들
그 누가 배 안 아프고 나온 이 있을까……

여자는 누구도 종교 분쟁 따위에 생명을 걸지 않아!
크레오파트라여!
환생하여 내 화단의 알로에처럼
스스로의 힘으로 일어서면 어떨까요

시클라멘

니가 재클린 케네디의 화신이냐?
명월이의 자신감이냐?
심청이가 인당수에 몸을 던질 때 뒤집어쓴 치마폭 같기도 하건만

예쁘게 피었으면 그만이지 누구를 꾀려고
홀라당 뒤집어쓰고 춥디추운 겨울을 나려는가!

재클린이 선글라스 쓰고 뱃머리에 앉아 찍힌 사진이
너 같기도 하고
기생이지만 세상을 다 가질 수 있는
자신만만한 명월이일 것도 같은 너!

바다로 간 심청이의 뒷모습 같기도 한 너는
겨우내 피었다가 봄바람 불어오니 떠나는 것이
심청이 용궁으로
엄마 만나러 가는 것도 같고!

어쩌면 홀라당 뒤집고 싶은 내 마음을 닮은 거 같아
시원하기도 하고!

4부

철쭉이 피고 싶어 침 흘리며 머금고 있다

고들빼기꽃이 피었네
왜 고들빼기인진 모르지만
꽃이 질서정연하고 깔끔하다
서리 오는 늦가을까지 피던데
왜 이리 빨리 왔을까!
높은 아파트가 들어서니
생명에 위협을 느껴 미리 온 걸까!
나중엔 묻혀 버릴지도 모르니까 말이다
니 옆에는 꽃 잔디가 놀다 쓰러지고
민들레가 잘 났다 고개 디밀고
철쭉이 피고 싶어
침 흘리며 머금고 있다
지금이야
벚꽃 그늘 아래 숨죽이며 살지만
벚꽃이 지고 나면
여름 내내
가을 내내
내 세상일 거야

통일아 뭐하니? 빨리 와! 민들레꽃과 함께!

이제 곧 오겠죠
어디서 필지 몰라요
날아오겠죠
꼬옥 잡지 않아도
눈꼽만 한 흙만 있으면
틈새 채우며 피워주는 너!
꼭 선구자 같애

우리에게
안중근 의사님도
윤봉길 의사님도
이육사님도 그렇게 왔어요
유관순 김마리아 의사님도 그렇게 왔지요
4차산업도 인공지능도 그렇게 오고 있어요

똑똑
우리의 통일도 얼어붙은 물 밑에서 오고 있나요
보고 싶어요

대동강 을밀대 압록강 두만강

풀벌레소리 가득했다는 이용악 시인의 러시아 길도 걸어보고 싶어요

그들과 함께 기차 타고 유럽여행 어때요

그들의 시상과 우리의 시상이 마악 교차할 것 같은데요

언니 오빠 하며 김밥도 삶은 계란도 핫도그 샌드위치도 나누며

아무르강 이야기도 풀벌레 가득 찬 러시아 숲길 이야기도

재미날 것 같은데요

통일아 뭐하니?

빨리 와! 민들레꽃과 함께!

어느 집 가정의 정원수이고 싶소

내 이름이 뭐냐고 물어봐 주소
조팝나무라오
왜 조팝나무인진 모르지만
쌀밥나무가 더 듣기 좋소
얼마나 배가 고팠으면 내가 쌀밥으로 보였겠소
그때는 나도 배가 고팠소
나를 보는 사람마다 쌀밥이면 얼마나 좋을까 했을 때
난 쌀밥이고 싶었소
그네들의 마음속에 들어가
따뜻한 쌀밥이 되어 주고 싶었소
지금이야 신세타령하는 사람은 없지만
날 봐주는 사람이 없으니
그때보다 지금이 더 썰렁하다오
신세타령도 배부름보다 더 든든했다는 걸
지금에야 알았다오
배고프던 시절 쌀밥나무보단
이제는
어느 집 가정의 정원수이고 싶소
슬프거나 기쁠 때

날 찾아와
쌀밥이면 좋겠다고 했던 그때처럼
난 따뜻한 쌀밥이 되어주고 싶소

강 건너 그 마을에 가시거든

김복동 할머니
나비처럼 훨훨 날아가십시오
강 건너 그 마을에 가시거든
가장 크고 멋진 나무에 앉아 내려다보십시오
불쌍한 인간들 다 용서하시고
다시 14살 소녀로 태어나
다 못 살고 간 소녀를
아름다운 대한민국에서
행복하게 맞이하시기를
소원합니다
대한민국은 14살 소녀를
피겨요정 임은수처럼 우아하게
피워낼 것입니다

앞에 있는 산이 무너진다

귀농업인 정보화교육에서 전원 식당에 갔다
시인과 마주 앉아서 밥을 먹게 되었다
밥 먹기 시작한 지 얼마 안 되어
시인이 반찬에서 머리카락을 뽑아냈다
나 같았으면 밥을 먹지 못했을 것이다
시인은 무표정하다
화도 안 내고 그렇다고 어떤 동요도 없었다
만약 머리카락 얘기가 나왔더라면
많은 사람이 점심을 먹지 못했을 것이다
내가 그랬다 시인의 자격이 있으시네요

점심이 끝나고
앞에 앉아 있던 시인은 무료한 듯
젓가락으로 이를 쑤시는 게 아닌가……

앞에 있던 산이 와르르르 무너지네요

천경자 위작 판결에 대하여

2016년 12월 19일 천경자 화백의 미인도가
진품으로 판결났다
뭐니 뭐니 해도 본인이 아니라는데!
프랑스 감정사가 왜 감정을 해
내가 낳은 자식을 몰라볼 수 없다는데……
본인이 아니라면 아닌 거 아닌가요
따님!
정답은 거기에 있는데
무슨 큰일이 생기면 외국에서 판결사가 오는데
그 버릇은 언제쯤 고쳐지려나……
우리의 힘으로는 안 되나요
천 화백이 왜 아니라고 하는지 모르지만
프랑스 감정사는 아니라 하고 우리 검찰은 진품이라니
그럴 수도 아닐 수도 있다는 생각이오
결론은 다 그놈의 돈 때문이라는 생각인데
내일은 그 미인도 복사본이라도 사서 걸어 두고
니가 진짜냐? 가짜냐? 하고 물어 볼까 하오

풍란

내가 찍은 서양난
화려하기 그지없네
한쪽에
봉숭아처럼 피어 있는 동양난
풍난의 향기로
양난의 화려함을 덮고 있구나
나와 가까운 건 역시 너야
풍란!

통일 되면 통일 분담금 많이 내도 좋을 것 같습니다 그려!

한국과 일본의 한가운데쯤 되겠지!
물대포를 쏘며 달려드는 일본 초계기
자그마한 목선에 실려 도망가는 쪽배
인정사정없이 물대포 쏘며 달려드는 킹콩!

광개토대왕호가 레이더로 초계기를 봤다고 치자
킹콩이 장난감 같은 배를 해치는데
광개토대왕호가 보호해 준 것이 뭐가 어쨌단 말인가!
약한 자를 보호 하는 건
미국 에니메이션의 원전 아닌가?
그건 인간의 본성이라고 이 사람아!*

하얀 쪽배를 쓰러뜨려 어디 쓰나
그냥 던진 돌에 개구리가 맞아 죽는다고
쪽배에 탄 어느 집안 가장이
던진 돌에 맞았다고 하드라고……
고기 잡으러 나갔다가 물대포 맞아 죽었다니

내 가슴 아프오

통일되면 통일 분담금 많이 내도 좋을 것 같습니다, 그려!

* 일본총리

인상여의 뱁보

필리핀 하면 마르코스 대통령의 부인 이멜다가 생각난다
수천 켤레의 구두와 핸드백 의상들
그래도 지금 필리핀 하원의원이라데
아들은 상원의원이고 대통령에 나올 거라며
필리핀 사람들이 현명한 건가 내가 잘못 본 건가

현 대통령은 마약과의 전쟁을 벌이더니
미국을 버리고 중국과 친구 하자네
백 번 현명한 판단이오
중국과 안 친하고 싶어도 그렇게 해야 그게 외교 아니오?
밀당이라는 말 사마천의 사기에 수없이 나오오

그러니
미국 높은 사람이 벌써 필리핀에 가서 협상하고
…………
우리는 그런 배짱 없나
노무현이 그럴 꺼란 얘기도 있었는데

대통령이 되고 나더니 미국에 납짝 엎드려 버리데
미국이 도대체 얼마나 무섭길래 하고 혀를 내 둘렀는데
필리핀 두테르테 대통령은 하드라고
필리핀 대통령의 맘은 인상여의 뱁보와 비슷끄리 하나 보이……

여름을 확 베어 문 느낌!

옆집 아줌마가
오이고추 열 개쯤, 가지 하나, 싱싱 복숭아 세 개를 주었다
된장에 오이고추를 꾹 찍어 먹었다
여름을 확 베어 문 느낌 같은 거……

싱싱 복숭아를 칼로 확 자르니 맛있는 물이 입안에 고인다
개에게 실험한 파블로프란 과학자가 생각난다
한 조각 입에 무니 니 맛도 내 맛도 없다
큰 가지 하나는 그냥 냉장고에 넣어 두었다

어디 확 베어 물만 한 거 없을까!
여름이 박살 나 버릴 만한 거……

참 고고도 미사일이 성주로 간다데
수도도 방어 못 하는 부족한 쇠붙이들
원하는 사람 없어도 제 발로 걸어오데
원폭 피해자 위령탑에 기어코 헌화 안 하더니

〈

　그렇게 좋은 거면 일본 원폭 피해자 위령탑 안에 배치하던지
　그네들은 위로받았으니 그깟 피해쯤이야 감수해야지!

　언제쯤 우리나라에 인상여 같은 외교관이 나오려나……
　화씨벽을 안고 쇠기둥에 부딪힐 만한 용기를 가진 자
　여름이 확 달아나네

　초롱엄마 고추 맛있었어! 고마워

연탄 놀이합시다

햇살장애인 학교에서 공부를 가르쳤어!
어느 날 중년쯤 되는 아저씨가 내게 왔어!
많은 연탄 세는 법 좀 가르쳐 주시오
그게 알고 싶었군요
사십여 년간 알고 싶었던 거 나를 선택했네요
연탄 척척 세는 사람을 보며
저렇게 잘할 수 있으면 얼마나 좋을까 생각했겠네요

여기가 가로고 여기를 세로라고 해요
가로 세로는 몰라도 좋아요
높이는 알겠지요
(여기)가로 곱하기 (여기)세로 곱하기 높이는
바로 연탄의 개수예요 라고 가르쳐 주었지요
그렇게 쉬워요, 하며 믿질 않더군요
그래서 그림을 그려서 가르쳐 주었지요
정말 쉽네잉, 하며 하하하 웃는 거였어요 세상을 다 잡았다는 듯
 사십오 년 동안 알고 싶었던 의문을 풀었으니
 세상을 나는 듯하겠지요

나도 같이 날고 싶었어요

누구한테 물어볼 사람이 없었군요
친구한테 물으면 자존심 상하고
부모한테 묻자니 모를 것 같고
하여 사십오 세가 되도록 가슴에 묻으며
척척 세는 사람들을 속으로 우러르며
겉으로는 그들에게 센 척하며 행패를 부렸군요

나한테 사십오 년 간직해온 비밀을 물어 봐주었네요
난 당신에게 교사로서 인정받아 정말 좋아요
우리 내일도 연탄 놀이해요
완전 해낼 수 있을 때까지
그깟 산수 별거 아니라는 거 알 때까지 연탄 놀이합시다
구구단을 외우게 해준 선생님 부모님께 감사하구요
이젠 센 척하지 않아도 돼요
수학도 별거 아니라는 거 알았잖아요

구천은 멋있는 사람이야

구천
산천을 굽이굽이 구천 번 돌아 구천인가
볏짚 위에서 자고 날마다 돼지 쓸개를 맛봤다는 구천
인복은 내가 베풀어야 생기는 건데
전생에 많은 덕을 베풀었나 보우!

범려와 문종
문종에게 토사구팽 같은 형벌을 주지 않았다면
더 아름다운 이야기가 되었을 것을!
범려도 보고 있는데
웬 실수!

구천!
뺏은 오나라 땅도 문종이 없으니 무용지물이지 않수!
생존의 법칙도 중요하지만 공존의 법칙도 중요하다는 거
지금은 알랑가 몰라!
공신과 같이 가지 못했기에 구천의 후손 또한 줄줄이 죽임을 당했잖수!

승리를 지키려면 공존의 기술을 터득해야

어쨌든 구천은 멋진 인물이야

5부

패왕은 패왕다워야

북미 외교 정상 회담
이래도 되는 건가
속은 기분!
패왕이라기엔 너무 창피하잖아!
춘추전국시대
진나라 왕이 초나라 회왕을 속여 회담한 척하다
잡아가서는 죽여 버렸어!
조나라 혜문왕은 진나라 왕이 만나자고하자
망설였어!
그때 인상여가 내가 모시고 가겠다고 했어!
그리고 멋진 외교를 펼쳤지!
하여
솔리다스터가 멋진 시를 썼어!
인상여의 뱁보!
우리는 언제 인상여 같은 외교관이 나올까
인상여여!
해답을 북 외교관 꿈속에
퍼 주시구랴!

그리고
패왕은 패왕다워야

쇠똥구리는 쇠똥 굴리는 것만큼의 행복을

조선시대 이덕무라는 선비의 말인데요
책이름도 어려워 못 외우는 책에 이런 말을 했다네요
쇠똥을 굴리는 쇠똥구리는
여의주를 물고 있는 용을 부러워하지 않는다
용 또한 쇠똥을 굴리는 쇠똥구리를
업신여기지 않는다
쇠똥구리는 쇠똥을 굴리는 게 재미있어서 굴리는 것이다
쇠똥구리가 여의주를 안고 있다고 재미있겠는가?
용 또한 쇠똥을 굴린다고 재미있겠는가!
용은 여의주를 물고 있어야 용의 자태가 보이지 않겠는가!
욕심껏 살라는 이야기
쇠똥구리는 쇠똥 굴리는 것만큼의 행복을
용은 여의주를 물고 있는 것만큼의 욕심을 가진다면
한마디로 남의 것과 비교하지 않으면 세상이 편해진다는 이야기
나의 견해

뜻은 알겠는데
여의주를 물고만 있으니 얼마나 입이 아플까!
맛이 있는 것도 아니고
쇠똥구리는 굴리며 놀고먹고 또 그 밑에서 자고
얼마나 행복해!
재벌들도 그만큼 물고 있으니 입이 아플 것이고
보통사람들 쇠똥구리처럼 굴리고 놀고 살았으니
피장파장 아닐까?
박칸과 순실이를 봐(서원으로 바꾸었다네요)
여의주를 물고 있어도
가치를 할 수 없으니
내 것이 아닌 것은 뜬구름이라는 생각입니다

내 글을 읽고 이런 말을 해줄 수 있는 사람

아저씨 이거 읽어 보세요 아저씨 이야기예요
구노의 아베마리아 이게 뭔 말이에요
그럼 구노의 아베마리아란 걸 모르고 들으신 거예요
독일 여자 가수가 부른 건데요 내가 좋아해요, 하신다
그럴 수도 있겠네요
아저씨는 독일 여자 가수만 생각하고 나는 구노의 곡을 생각하고
아저씨의 말
시인과 우리가 다른 게 뭔지 아오
우리는 음악을 그냥 귀로 들어요
그러나 시인은 음악을 가슴으로 안는다고 하잖소
멋진 말이요

내 글을 읽고 이런 말을 해줄 수 있는 사람
정말 오랜만이네요

안주가 되어주는 명태가 진짜 시인이 아닐까!

냉장고 문을 열었다
뭘 먹을까
여기 동태가 있네
갑자기 국물이 먹고 싶어졌다
꽁꽁 언 동태를 꺼냈다
그리고 김치를 넣고 국을 끓였다
국을 먹으며
"시인의 안주가 되어도 좋다
하하하하하"
라는 노래가 생각났다
시 쓰는 사람보다 노래 부르는 가수보다
안주가 되어주는 명태가 진짜 시인이 아닐까!
그 시인은 진짜 시인이 뭔지도 모르겠지만······

그게 바로 시인과 시인 아닌 사람의 차이요

우리 집 고구마 심는디 고구마 좀 심어 줄라요
그럽시다 내 일을 열심히 다 하고 난 뒤
고구마 심으러 갑시다 일당 이십만 원이요
왜 이십만 원이다요
시인이 심으니까 최소한 이십만 원은 줘야지!
시인이 심으면 틀리다요
물론 틀리제
무엇이 틀린가 증명해 보시오
증명이야 쉽지!
제일 좋은 고랑을 골라서 햇볕 좋은 곳에 예쁜 순 골라 심고
 청정한 물 주면 증명되는 거 아니야
그런다고 이십만 원이다요 한 시간도 못 심을 텐디
당연하지 내가 심으면
이쁘고 반듯하고 영리하고 멋진 고구마가 나올 거야
가만히 말했다
아들 딸 며느리 손자한테만 먹여요
영리하고 멋진 고구마가 나오면 이백만 원이 아니라
이천만 원이라도 주겠네

이봐요 시인이 심었으니
시인의 기를 받아 영리하고 기특하고 멋진 고구마가 나온다니까요
그걸 어떻게 증명하냐구?
책 봤죠?
심사평에 영리하고 기특하게 잘 썼다고 나와 있죠
아니요 그런 말 없던데요 여기 책 보시오 그런 말 있나
그게 바로 시인과 시인 아닌 사람의 차이요
심사위원은 이미 그걸 함축해서 다 쓴 거야
그런데 시인 아닌 사람은 못 읽지! 시인이 아니니까
나 갈라요 하며 문을 밀고 나왔다
웃음을 참을 수가 없어서 표정을 꾹 누르며
그 집 앞을 지나 골목길에서 한 십 분쯤 배꼽 잡고 웃었다
멘붕에 빠졌을 김 사장을 생각하며 또 웃음이 나왔다
욕심이 과하면 그런다우
머리 좋은 손자가 나오기를 고대고대 하지만
그게 마음먹은 대로 되남유
다음에 만나면 위로의 말을 해 주어야 되겠다
골려서 미안했다구

시인 하고 짝궁하기 어렵소!

아침에 일찍 도착했는데 쓸 만한 꺼리가 없었다
그때 짝궁이 왔다
아저씨 출장 갔다 왔죠
그랬죠
선물 없어요
무슨 선물?
출장 갔다 오면 선물 주는 거 아니예요
다른 짝궁한테 한 번도 사다 준 적 없었는데요
나는 다르죠
뭐가 달라요
난 시인이잖아요
참 그렇지!
목포 바닷물이라도 한 사발 떠 오시지!
아이스크림도 좋아요
그럼 내일 우리 반 거 다 사 오죠
그건 그거죠 우리 반 꺼니까 내 건 당연히 있는 거고
짝궁에게 주는 특별한 선물이요
네잎크로버도 좋고 내 것만의 아이스크림도 좋구요
그럼 내일 아침 혼자만 주란 말이요

그래야 특별한 거 아닌가요
시인 하고 짝궁하기 어렵소!
어려우면 목포 가서 바닷물 한 사발 떠 오시든지요
또 목포 가서 배 빌려서 바닷물 한 사발 떠오라고!
그랬다고 신안 소금 사서 수돗물 부어오면 안 되구요
양심에 맡길게요
허허허

휘두르는 대로 쳐다만 볼 뿐

트럼프가 아시아를 방문하고 돌아갔는데
일본 한국 중국에서 차례대로 칼 안 든 것처럼 돌아다니더니
가져갈 건 다 가져가고 누릴 건 다 누리고
중국 무협지에 나오는 협객처럼 굴더니
자기 나라에 가선
한국 세탁기 관세 50%, 관광객 80명을 내쫓더니

중국 _____

우리나라 무기 수입
중국의 수천만 달러 미국 투자는 물 건너가야 하는 거 아닌가
약속은 그쪽에서 어겼으니
그러나
누구 하나 찍소리 못하고 휘두르는 대로 보고만 있다
그에 대적할 만한 유로존도 금 갔고
동북아 존은 꿈에도 생각 못 하고
휘두르는 대로 쳐다만 볼 뿐
21세기 비극의 클라이맥스는 어디가 될 것인가!
무조건 힘이 있어야 되는 겨!

페미니즘이 있는 마을로!

물푸레나무 한 잎같이 쬐그만 여자
그 한 잎의 여자를 사랑했네
그 한 잎의 솜털 그 한 잎의 맑음, 영혼, 눈
바람이 불면 보일 듯 보일 듯한
그 한 잎의 순결과 자유를 사랑했네

정말로 사랑한 거 맞습니까?
그래서 불행한 여자라는 거 알면서 사랑합니까?
오규원 시인한테 전해 주십시오
진정 그 여자를 사랑하거든 놓아주라고!
못 날아가거든 벽을 부숴 버리라고!
그 너머에
페미니즘이 있는 마을로 밀어 버리라고!

아휴, 시원해

장정일 씨 혼자 가슈

장정일의 공부를 읽으며
나도 깨나 책을 읽는 편이라 생각했는데
"공부를 읽으며 장정일 너무 한 거 아니야!
장정일 씨 따라 가려면 내가 너무 바빠지잖아!
장정일 씨를 따라 가려면
맨발 벗고 뛰어가도 못 따라 가겠다" 했더니
밥 먹던 아드님이라는 놈 하는 말
"엄마! 신발 신고 가 맨발 벗고 가면
돌밭 나오면 어떻게 할 거야
뜨거운 여름 아스팔트 위를 어떻게 걸어갈 건데
가시밭길보다 뜨거운 아스팔트길이 더 걷기 어려워
그러니 꼬옥 신발 신고 가 응!"하더라구
안 따라 갈란다 이놈아! 찌껍해서!
장정일 씨 혼자 가슈
난 아들 말대로
신발 신고 도서관길 왜가리 구경하며
천천히 내 길을 가려오
뱁새가 황새를 따라 가려면 가랭이가 찢어진다고
계속 뱁새 할라요

나는 더 큰 단추를 갖고 있다 기능도 더 좋은!

나는 더 크고 기능이 더 좋은 단추를 갖고 있다
알고 있어요
세상을 다 덮고도 남을 만한 거 갖고 있다는 거
세상을 다 덮어버리면
당신 나라도 덮어진다는 것도 알아요?

외갓집

대나무 엮어진 사립문 열고 들어서면
딸랑딸랑 빈 깡통이
먼 옛날 꿈결시대처럼 인기척을 알린다

일자집 초가 위엔
빠알간 호박이 군데군데 널려 있고

제주도처럼 외딴 헛간 위엔
박 넝쿨이 여기저기
맨드라미 봉숭아가 제멋에 넘쳐 쓰러지고

뒤뜰 옹달샘엔
이끼가 자욱허다

깨끗이 빨아 널어 논 빨래처럼 고운 돌 위에
발 개고 앉아 가을을 세어본다
된서리에 말라버린 가지나무
폭이 덜 찬 배추
아가 키보다 더 커버린 씨받이 상추나무

담뱃잎처럼 말라버린 호박 넝쿨들

떡 버티고 선 고목 감나무엔
홍시가 하나둘 떨어지고
다 가버린 듯 당상관이셨다는 외가댁의 정기는
고목처럼 쓸쓸하다

웃음도 행복도 가버린 뜰 위엔
할아버지의 기침만이
종가댁의 흐름을 확인하고

긴- 담뱃대 물고
쪽문 넘어 먼 곳을 응시하시는 외할아버지만이
진주성 싸움에서 분노를 불태우던
그 영웅의 대대 손자를 맞으려고
긴- 수염 늘어뜨리고
흰옷 곱게 다려 입고
기다림을
화롯불 다루듯이 하시나 보다

너의 한국식 절도 멋있었어!

정현 호주 오픈 테니스 8강 진출
멋지다
내가 이긴 것처럼 기쁘다고!
넌 멋지기 위해 태어났나보다
스물두 살도 멋지고
테니스 라켓을 휘두르는 폼도 멋지고 너의 한국식 절도 멋있었어!
1월 24일 4강
숨 막힌다
니가 이겼는데
내가 왜 숨 막히지
그건 너와 내가 한국인이라는 테두리를 두르고 있기 때문이 아닐까
1월 26일 2강
로져 페더러와 맞붙지?
이겨버려!
연아 이후 말초신경까지 흔드는 건 너뿐이야
정현! 잘해 낼 거야 시는 계속 써질 거고

〈

  2강에서 무너졌어 발바닥 물집부상으로!
  그래 4강에 든 거만도 고마운데
  왜 그리 서운하냐
  패더러를 이겼더라면 호주사람들 전부 평창으로 올 것 같았었는데
  아직 꽃 같은 나이이니 언젠간 패더러를 이기겠지
  영웅 될 날도 얼마 안 남았네
  영웅을 좋아하진 않지만
  그리스 신들도 심심해서 하늘에서 내려와
  축구선수 누구누구, 야구선수 누구누구, 누구의 남편 누구의 아빠로 살잖아
  정현 우리들의 신으로써 멋지게 살아다우

■□ 해설

일상에서 충동하는 시적 윤리와 가치들

박철영(시인)

　개성 넘치는 현대 사회 구조에서 주체적인 생각을 행동으로 옮기며 당당하게 살아가는 부류들이 상당할 것 같지만, 막상 뚜껑을 열어보면 그렇지 못한 것이 현실이다. 그것은 첨예하게 분화된 사회 구조가 개인의 분방한 사유를 억압하고 그것도 모자라 규제를 통해 통제하고 있기 때문이다. 그럴 때 규범에 대한 일탈이나 반감의 욕구가 강해질 수밖에 없다. 부분적 일탈에 대하여 사회 규범으로 본다면 응당 규제되어야 하는 것이 타당하지만, 인간의 고유한 개별적 정서를 침해한다는 것도 감안해야 한다. 그런 행위의 연속선상에서 많은 사람들은 보편성에 준거해서 판단하려 한다. 그렇지 못한 경우를 우리는 윤리적으로 사리에 어긋나는 것이라고 말한다. 우리 사회에서 왕왕

벌어지고 있는 현상들을 보며 소시민들은 묵묵히 수용하는 듯해도 속내까지 동조하는 것은 아니다. 사람들이 시류에 무관심하고 외면한 듯해도 한계를 넘어설 때는 분노를 행동으로 나타낸다. 그 분노는 어디까지나 사회라는 공공의 보편성에 근거하는 것으로 참여는 당연하다.

 현 시류에 소신을 나타내는 방법들이 다양하겠지만, 왕광옥 시인은 시적 담론을 통해 사회의식을 명징하게 드러내고 있다. 그런 방식은 '옛날 옛적에'라는 이야기처럼 편안하면서 불편함에 대한 주의를 환기하는 의미 이상임을 알 수 있다. 그것은 우리가 전통적으로 답습해온 공동체적 존중을 바탕으로 한 윤리의식에 있다. 왕광옥 시인은 자연에 대한 진솔한 관찰과 그 안에서 이뤄지는 생명 현상에 대한 오묘함까지 진정한 마음으로 바라본다. 인간적인 심상으로 상관하여 공감을 전달하는 데 있어 언어망의 고도와 진폭에서 자유롭다. 그렇다고 왕광옥 시인의 시가 참여성이 강한 투쟁적인 형태를 띠고 있다는 것은 아니다. 되레 시적 전개 속에서 보여주는 순정함은 순수한 본성인 동심처럼 해맑게 담아낼 때가 많아 서정의 근경으로 나무랄 데가 없다. 부드러운 언어의 힘을 최대한 활용하여 시사적인 문제 제기에 능하기 때문이다. 여타의 표현 방식에서 시가 갖는 언어의 우위와 위의란 것은 어떠한 경우에서도 가볍게 볼 수 없는 것이다. 그토록 엄정한 시어 안에서 아름다운 삶을 위한 인간적 정서의 주동(主動) 의식은 빼놓을 수 없는 시의 본령이기 때문이다. 시인의 심성에서 비롯한 바탕과 사물에 대한 천착으로 발현된 시 세계는 지금껏 보아온 시 유형과는 전개 방식에서 달리 왕광옥 만의 변별성으로 보여준다. 시인은 은근한 풍자와 유머까지 시류 속으로 곁들인다. 자칫 통속에 빠지기 쉬운 구어체가 갖는 묘미까지 잘 살려내 해학까지 덤으로 만끽하게 한다. 시인의 시선은 사물과 눈높이로 사유하면서 천착한 보편성에 대한 의지를 지향한다.

장마여서
여기도 촉촉 저기도 촉촉
무당벌레가 사랑터로
꼬실꼬실한 자갈밭을 선택했네요
무당벌레야
내 눈도 가려야지!
부끄러우면
자기가 감는 거예요!

저기에 있는 풀들도 나무도 다 자고 있어요!

우리의 사랑이 끝나면

다 깨어날걸요……

이것이 자연이에요

―「원초적 사랑」 전문

시적 대상으로 다가온 무당벌레를 관찰하면서 시인은 전이된 이미지를 시의 형태로 전언하는 나레이터가 된다. 사람에 따라 자연 속에 살아가는 생명체인 곤충류 그 자체를 혐오하거나 불편한 대상으로 인식하는 경우가 많다. 물론 무당벌레가 갖는 외형이 꼭 혐오감을 유발할 정도인 것은 아니지만, 호의적으로 바라만 볼 수 있는 대상은 아니다. 시인은 무당벌레끼리 무리 지어 뒹구는 모습을 연인들의 '사랑'처럼 아름다운 행위로 본 것이다. 그 시간만큼은 사물에 대한 편견을 내려놓고 생명체가 갖는 순수성을 해맑은 시선으로 보려 한다. 여기에서 중요한 것은 우리가 잊고 있는 덕목 중 하나인 인간적인 금기와 염치를 미물을 통해 환기시킨다. '사랑'에 대한 행위 그 자체는 아름다운 것이지만, 환한 대낮 공개된 장소에서 그러면 안 된다며 "내 눈도 가려야지!/ 부끄러우면/ 자기가 감는 거예요!"라며 최소한의 지켜야 할 덕목인 염치뿐만이 아니라 윤리의식까지 담고 있다. '사랑'의 대상은 동물뿐만이 아니다. 대상이 여자의 남자이거나 남자의 여자인가에 다르지 않고, 남녀가 평등한 인식이 보편화된 시대가 도래했음을 재삼 말해준다.

  남녀에 대한 차별 없이 서로에 대한 존중감으로 바라봐야 한다는 의식을 시의 기저에 담고 있다. 「페미니즘이 있는 마을로!」에서는 인간적인 존중감과 여성성(女性性)에 대한 개념을 보여준다. 첫 행 "물푸레나무 한 잎같이 쬐그만 여자/ 그 한 잎의 여자를 사랑했네"라는 시구는 오규원의 시 「한 잎의 여자」의 첫 행과 일치한다. 시인은 의도적으로 오규원의 시를 인용하면서 따옴표나 인용한 출처를 밝히지 않았다. 역설적으로 시가 담보하려 한 페미니즘 의식을 극대화하려 했을 것이다. 사실 오규원의 시 '한 잎의 여자'를 남녀의 동등한 인권으로 바라볼 때 여성적 시각에서는 매우 불편할 수 있다. 오규원 시인은 그럴 의도가 없었다 하더라도 왕광옥 시인은 "그 한 잎의 솜털 그 한 잎의 맑음, 영혼, 눈/ 바람이 불면 보일 듯 보일 듯한/ 그 한 잎의 순결과 자유를 사랑했네/ 물푸레 나무 한 잎같이 쬐끄만 여자,/ 그 한 잎의 여자를 사랑했네"라는 시구처럼 나약한 여성성을 강조한 사회적 편견이 불편하다는 것이다. 시 전반에 흐르고 있는 인식의 옳고 그름은 부차적인 문제일 수 있다. 시인이 보여주는 성(性)에 대한 인식은 단호하고 분명하다. 왕광옥 시인은 오규원 시인에게 '한 잎의 여자' 속에 갇힌 여자를 놓아주라 한다. 그 여자가 떠나지 않거든 벽을 부숴서라도 여성성의 온전한 세계를 향유토록 하겠다는 의지를 피력하고 있다. 시인이 보여주는 페미니즘적 사고는 여성성에 대한 편향만은 아닐 것이다. 우리 사회가 지금껏 남성 우위의 풍조를 용인해 온 결과이기 때문이다. 시인은 사회적 편견이나 그로 인해 잘못된 인식들을 바꿔가자는 것이다.

"마음이 아프지만/ 서울특별시장장으로 장례를 치르"는 것에 대하여 「당신의 추락을 50%는 막았어!」라는 시에서 언급한 의도는 따로 있다. 언뜻 보면 매우 긍정적인 것 같지만, 그 저의는 "인권 운동가란 과연 무엇인가/ 내로남불이란 말/ 점점 내 가까이 다가온당께"라고 말하려는 데 있다. 아직은 사법적인 절차가 남아 있다 하지만, 그 50%까지도 추락하는 일이 없었어야 한다는 것을 질타하고 있다. 시인이 알고 있는 인권운동가(박원순 전 서울 시장)로서 일신은 그러해야 옳았다는 것이고 그렇지 못한 것을 우회적으로 비판하고 있다. 민의로 대변되는 저변의 힘은 매우 엄중한 것임을 상기시킨다. 옳고 그름에 있어 사사로움이 개입할 수 없는 분별은 100%처럼 확실해야 한다는 것이다. 왕광옥 시인은 소시민(민중)의 생각을 가차 없이 시로서 발화한다. 인간의 존엄은 상대방을 동등하게 존중할 때 가능한 것이고, 그것을 애써 기피하는 진영 논리에 우선하는 정치성을 부인하기에 가능하다. 말은 문자 체계 속에서 문장으로 완성될 때 힘을 발휘한다. 그 언어의 무게에 따라 전이된 감정은 기복(起伏)을 보인다. 왕광옥 시인만이 갖는 시적 텍스트는 지금껏 보아온 기존의 의미를 넘어 확장으로 보여준다. 그만큼 평범한 언어를 통해 부림과 굴림에 능하다고 볼 수 있다. 시어로 개입된 문자가 그 의미를 배가시켜 소외된 사람들에게 고소함으로 환원되기 때문이다.

    그 사람 옷에는 노숙한 듯 기름이 잔뜩 끼어 있었대
    사람들의 말 "개기름 끼었네" 했다더군
    개는 그 사람 옆에 가 보지도 않았는데 어찌 개

기름이 끼었담……

사람의 눈에는 개를 사랑한 척하지만

뭉개고 밟고 퉤퉤 뱉고 싶은 충동이 있는 거야

밟아버려야 시원한……

−「개의 항변」부분

'개'가 항변을 하다니 도저히 성립되지 않는 말로 시작되는 사회 현상은 실제로 일어나는 말의 오류로 거리낌 없이 남용되고 있다. 시인은 말에 함의된 고도의 언어 감각을 활용해 사실을 적시하고 잘못된 사회상을 비판하고 있다. 시에서의 풍자는 자칫 잘못하면 본전도 되지 못한다. 경박으로 흐를 수 있기 때문이다. 왕광옥 시인은 그것을 번번이 넘어서고 있으니 시인만의 시적 변별성을 확인시켜 준 셈이다. '개의 항변' 속 "나는 사람과 그래도 친하다고 생각했는데 사람들은 아니었어!/ 어느 전철역에서 어떤 사람이 갑자기 옷을 벗었어!/ 그랬더니 사람들이 "개지랄하네" 하더군/ 개가 지랄했나, 사람이 했지!"라는 문장을 읽는 즐거움이 만만찮다. 바로 서지 않는 세상에서 부조리한 일상에 대한 카타르시스는 다른 곳에서 찾을 필요가 없다.

계절의 변화는 자연 속에서 일어나지만, 시인은 예민한 감각으로 시적인 사유를 이뤄 형상화한다. 「너희들은 몰라 헌신적 사랑의 법칙을!」이란 시제(詩題)부터가 선언적이다. 시어는 부드럽지만, 당찬 인식의 전환을 여기에서도 요구한다. 햇볕도 안 드는 도시의 담장 안에 핀 화사한 벚꽃을 드나들며 꿀을 따는 벌이 있다. 일벌의 행위를 인간의 눈으로 가볍게 평가하는 것을 경계하는 시다. 시인은 노동의 결과가 누구를 위한 것인가에서 멈추지 않는다. 건강한 노동을 통해 무한한 사랑을 실천하는 꿀벌을 인간의 이기심으로 보는 것을 나무라고 있다. "벌이 아닌 인간인 너는 항상 만족하니?"라며 '사랑'은 자본주의적인 사회에서 상식화된 조건부나 대가성이 아닌 이타적인 헌신이어야 한다는 것을 말해준다. 시인의 사회성은 경계를 넘어 국제관계에서도 다르지 않다. 거기에는 부끄러운 과거의 역사를 반성하지 않는 데에 대한 진정한 양심이다.

> 2018년 12월 15일 스즈키컵 베트남 우승
> 나도 우리나라가 우승한 것만큼 좋다
> 괜히 미안한 마음이 조금 감소한 듯 가볍고 좋다
> 박항서! 화면에 비치는 저 정열

나도 한번 갖고 싶다

베트남 제일 높은 사람인 듯

박항서와 악수하며 두 엄지손가락을 치켜세워 줬어!

관중석에도 태극기가 휘날렸지만

우승 뒤 선수 한 명이 태극기를 몸에 감싸고 있었어!

― 「박항서의 정열」 부분

축구 감독 박항서의 베트남 성공신화는 익히 잘 알려져 있다. 투혼으로 일궈낸 한 개인의 성공으로 볼 수도 있지만, 박항서 감독이 상징하는 '대한민국'과 '태극기'는 한 개인의 문제를 뛰어넘는다. 베트남 전쟁 시기 파병한 한국군이 자행한 민간인 학살이라는 만행을 상기시킨다. 당시 처참한 학살을 기억하기 위해 베트남인들은 현장에 '한국군 만행비'까지 세워 놓았다. 그런 것을 모를 리 없는 베트남인들의 박항서에 대한 환호를 보면서 "눈물이 나왔어!/ 우리의 진심은 아니었을지라도 베트남에 끼친 상처/ 미안하구/ 이념을 넘어 출렁이는 저 환호!"가 왕광옥 시인은 마냥 즐겁지만은 않다. 왕광옥 시인의 시가 평범한 언어로 구조되어 있지만, 위중한 시의(詩意)의 범주를 포괄

하는 좋은 방증이다. 그것은 시가 갖는 윤리적 덕목들을 함의하고 있기 때문이다. 시는 수사적인 문장의 나열이 아닌 실질적인 삶의 과정이자 가치이고 결정체이기 때문이다. 시인은 의도적으로 시를 만들지 않는다. 사물에 대한 응시와 투사 속에서 꿈틀대는 과거의 시간을 통째로 소환한다. '애기똥풀'을 보면서 왕광옥 시인은 몸으로 낳은 아들을 떠올린다.

   꽃잎을 따서 짓이겨 보았죠
   내 아가의 노오란 것이 거기 있었죠

   지금은 내 마음을 아프게도 하지만
   그래도 내 아들이죠

   하나만 아니고
   고아원처럼 애기똥풀처럼 많았으면 좋겠어요

   왜 그렇게 내 마음이 아련해질까!
   이제 나도 접기 시작해야 되는 나이가 되었구나
   …………

－「애기똥풀」부분

 '애기똥풀'의 앳된 이미지는 "순수 그 자체죠/ 똥 해도 더럽지 않은 꽃/ 내 가슴에 박아 놓고 싶은 꽃"처럼 예쁘기만 한 아기를 연상한다. 그 이유는 간단하다. 아이를 낳아 키운 과정을 온몸으로 간직하고 있기 때문이다. "꽃잎을 따서 짓이겨 보았죠/ 내 아가의 노오란 것이 거기 있었죠"라는 말을 보면 요즘처럼 일회용 기저귀를 사용해 아기를 키운 세대가 아님을 알 수 있다. 사실 예전에는 부드러운 천을 떠다 기저귀를 만들어 헤어질 때까지 썼다. 아기가 똥을 싸면 천 기저귀를 빨아 삶아 다시 사용했고, 기저귀를 말린 후에도 똥 자국이 노랗게 남았던 것을 기억한 것이다. 힘들던 세월을 지난 지금 아들이 성장하면서 시인을 가슴 아프게 한 것마저 안타까운 것이다. 엄마의 마음이 그런 것이다. 품 안 자식이란 말이 맞기 때문이다. 나이는 피해 갈 수 없듯 세월이 지나서야 모든 것을 포용할 수 있다. 〈애기사과〉에서 본능 속에 온재 되어 있는 모성을 드러낸다. 시적 대상으로 다가온 '애기사과'의 연원을 생각해본다. 사물에 대한 이름을 명명할 때는 많은 의미를 부여한다. 마찬가지로 '애기사과'를 통해 "참 예쁘다/ 이렇게 조그만 사과를/ 애기 머리만큼 크게 만든 이 누구인가/ 인간!/ 바로 나"라며 가슴속에 도사리고 있는 모성을 상기한다. 그 모성은 세상에 없는 것도 만들어내는 전능을 갖고 있다. 시인의 몸에서 태어난 아이도 그렇거니와 '애기사과'도 그렇다는 것이다. 물론 논리적이지 않지만, 인간의 욕망을 위한 것이 아닌 더 많은 누군가에게 기여하기 위한 창조인 셈이다. "작고 쓰고 떫고 맛없는 사과를/ 달고 시원하게 만든 이 인간 아닌가!/ 나무를 위해 만들었나?/ 새 같은 짐승들을 위해 만들었을까!"라는 설의법으로 묻는 것에 대한 답은 굳이 필요하지 않다. 왕광옥 시인이 지향하는 시의 진폭(振幅)은 인간의 욕망을 넘은 곳까지 바라보기 때문이다. 각박한 현대인들의 본성의 근원이 모성에서 비롯된 것이라면 왕광옥 시인이 말하고자 하는 인간 본성의 회복도 가능한 것이다. 계절의 순환처럼 어느새 봄은 겨울을 맞아 하얀 눈 속에 덮이고 만다. 죽음의 속성도 계절처럼 그렇다.

보았수!
기와 위에 핀 소나무!

꽃이 많이 피었어!

가려나 봐!

- 「와송」 전문

사람들은 세월 앞에 장사 없다고 말한다. 시인도 와송을 보며 그런 속내를 드러낸다. '와송'은 도시에서 뿐만이 아니라 시골에서도 보기가 쉽지 않은 식물이다. 그 와송이 풍기는 이미지처럼 검버섯 핀 지붕 위 기왓장 위에서 혼신을 다해 살아남은 처연함을 보여준다. 모든 식물이 그렇듯이 꽃을 피워 생명을 대물림한다. 그래서 생명은 '사랑'이다. 영원할 것 같은 사랑도 끝이 있어 소멸(죽음)을 맞이한다. 척박한 기왓장 위의 와송의 생애가 '사랑'이라면 참으로 모진 것이다. 그 처절한 고투에서 얻은 생마저 훌훌 털어버리려는 듯 꽃을 피운 와송을 보며 '죽음'의 천기를 읽고 만다. 이럴 때면 가슴이 먹먹해지는 법이다.

〈아들의 지갑 속으로 들어갈 수 있는 영광이 있을지 몰라!!〉란 말은 깊은 생의 비의가 담긴 페이소스다. 생을 마감하면 허망하게 사라지고 마는 애수의 극한(極限)이다.

그것을 누구보다 잘 알고 있는 시인의 마음이 인간답다. 외삼촌 집에서 뜻밖에 "첫눈에 들어오는 것, 외할아버지와 외할머니의 사진"을 본다. 그분들은 이미 오십 년 전 세상을 떠나셨다. 고인들의 소중한 사진이 아이들 유치원 사진과 나란히 벽에 걸려있는 것이다. 변함없이 '사랑'으로 함께하는 외삼촌의 순정한 마음을 보았다. 사람들은 누군가에게 오래도록 기억되기를 바라는 것은 인지상정이다. "내가 죽은 뒤라도/ 조그만 그림이 되어/ 아들의 지갑 속으로 들어갈 수 있는 영광이 있을지 몰라!!"라는 독백은 인생이라는 연극이 끝난 뒤에도 마감할 수 없는 대사(臺詞)의 여운이 짙다. 시인도 세상이 보이는 눈을 가진 나이가 되었다는 의미다. 아니라면 시인의 타고난 신통함으로 천기를 읽을 줄 안다는 말과 상통한다. 시인의 관점에 대한 사유는 과거 속에 멈추지 않고 현실에서 재현되곤 한다. 그것은 시인이 갖는 가치관의 긍정적인 변주임을 알 수 있다.

〈왜 그렇게 멋있어 분다요〉는 우회적으로 자본주의 속성에 물들어 살아가는 사람들에게 성찰을 요구하는 담론성의 시다. 그것이 가능한 것은 왕광옥 시인의 다양한 지식을 축적한 사유의 폭이 넓고 깊다는 것이다. 추나라 '목공' 이야기를 아는 분들이 많다고 볼 수만은 없다. 알곡 대신 쭉정이를 새 모이로 쓰도록 한 군주의 위민 정신을 통해 현실에서 만연하고 있는 "지금 부잣집 우리나라의 개들은/ 사람보다 훨씬 호강하며 산 다메요/ 국민의 노력과 노동/ 국민이 팔아주어 이룩한 富인데/ 지금 수출해서 번 돈이라고 국민을 개 취급도 안 한다면……" 가진 자들의 탐욕적인 욕망을 질타하고 있다. 시를 통해 해소해 가는 갈증적인 현실은 그만큼 녹록지 않다. 인간의 욕망은 거의 필사적일 만큼 끝이 없기 때문이다. 왕광옥 시인이 바라본 현실은 문학적으로 해결할 수 있는 한계를 갖고 있다.

　인간과 달리 자연은 가진 만큼의 속성을 보여주고 스스로 거두어간다. 봄에 핀 '산수유' 꽃은 무한 변신을 하지만, 인간의 욕망과는 먼 본성의 발현이기 때문이다. 시인의 상상 속 세계는 동화의 나라에서나 있을 법한 순수한 충동으로 매번 새롭다. 새롭다는 의미는 상상력을 통해 다양한 모습으로 변주된다는 뜻이다. 〈르누아르의 풍경화 같은 세상〉에서는 '르누아르'의 인상파적인 색채감을 상상한다. '르누아르'가 상상한 대로 색감을 넣어 화려한 그림을 완성하듯, 시인도 노랗게 핀 '산수유' 꽃의

아름다움에 반한 것이다. 산수유의 마른 가지 속에서 저
토록 아름다운 색감을 보여줄 수 있었다니,라며 "산수유
야!/ 겨우내 노오란 꿈을 꾸었니?/ 나도 파스텔 색조의 풍
경화 같은 꿈을 꾸면/ 내년에 르누아르의 풍경화 같은 세
상이 나에게 올까!"라며 고조된 심상을 보여준다. 왕광옥
시인의 감각은 매우 예민하여 소소한 것에서도 감동한다.
그 안에서 즐거움을 찾아내는 시적 발상은 시인만의 장점
이다. 그것들의 오랜 축적의 결과인 시론을 통해 시적 윤
리를 환기한다.

  지금 시는 수학이다
  옛적에 국어 선생님이 설명하는 시는 감동이었다
  이용악의 시를 읽으면
  지금도 그 감정에 빠진다

  도서관에서 시집을 열 권씩 빌려다 읽고 또 읽는다
  읽을수록 시는 수학이더라
  짜고 비틀고 시클로프스키의 문학론과 딱 맞아
떨어지더라

지금 시는

문학론에 의거 백점 만점에 백점이지만

감정은 없고

문학계엔 형태만 있는 백점만 난무하더라

시라는 게

덧셈 뺄셈 지나 방정식 같은 건 수학도 아니고

피타고라스의 정리 같은 건 수학 측에나 낄려나

지금 詩는 미분이고 적분이더라

수학은 대체로 0이던지 1이란 답이 있지만

시란 빵이더라

둥근 오븐에 빙글 빙글 돌아가는, 지금은 수퍼

에 없는

김이 모락모락 나는 삼립 호빵 같은 게!

― 「김이 모락모락 나는 삼립 호빵 같은 게」 전문

시인은 문학계에서 대두되고 있는 시의 위기를 말하고 있다. 시를 바라보는 관점의 차이겠지만, 맥락에서는 많은 사람이 공감하는 시류를 들춘 것이다. 그 징후는 서정성의 근간인 자연과 인간과의 관계가 어느 때부터 별개가 되기 시작했다는 데 있다. 인간의 삶과 밀착한 자연적인 상상력에서 벗어나 부유해버린 문학이 서정시의 영토를 잠식하는 데에 대한 우려일 것이다. 시인은 시의 변곡점이 된 90년대의 사회 환경이 80년대에서 비롯되었다는 것을 안다. 앞서 말한 바와 같이 시의 서정에서 견고하던 '자연'과 '인간'의 관계 단절은 심화하고 반복된다. 그 결과는 앞으로도 다양하게 나타날 것이고 현실적으로 예측이 가능하다. 시인은 인간적인 삶의 심연을 통해 수수된 서정적 자아의 정처는 다른 곳이 아닌 "시란 빵이더라/ 둥근 오븐에 빙글 빙글 돌아가는, 지금은 수퍼에 없는/ 김이 모락모락 나는 삼립 호빵 같은 거!"라며 현대인의 냉혹해진 가슴을 보듬어줄 과거의 시간을 제시한다. 과거의 그 시간 속처럼 시가 그러해야 한다는 시론을 제시하고 있다. 하지만, 서정시의 위기는 변화된 현실에서 충분한 위로가 되어주지 못한 지점에서 비롯되었다는 것도 말해야 한다. 그런 측면에서 시인은 세상을 바라보는 가치관을 국가 윤리에서도 적용하려 한다. 그것은 사람의 도리이자 우리나라 사람만이 지켜야 하는 덕목만은 아닐 것이다. 한여름날의

폭염을 일거에 날려버리는 염력으로 주문(呪文)한 詩다.

    참 고고도 미사일이 성주로 간다데
    수도도 방어 못 하는 부족한 쇠붙이들
    원하는 사람 없어도 제 발로 걸어오데
    원폭 피해자 위령탑에 기어코 헌화 안 하더니

    그렇게 좋은 거면 일본 원폭 피해자 위령탑 안에 배치하던지
    그네들은 위로받았으니 그깟 피해쯤이야 감수해야지!

    언제쯤 우리나라에 인상여 같은 외교관이 나오려나……
    화씨벽을 안고 쇠기둥에 부딪힐 만한 용기를 가진 자
    여름이 확 달아나네

    -「여름을 확 베어 문 느낌!」 전문

은 강제된 세계 질서 축에서 침해된 국가 주권에 대한 국민적 반감을 시원스럽게 표출한다. 매우 직설적이지만, 전혀 폭력적이지 않은 시적 발화다. 공허하고 불안한 현실에서 카타르시스를 통한 문학의 실천과 기여를 생각해 본다. 뜨거운 '여름을 확 베어 문 느낌!'은 어떤 것일까? 이 시를 읽으면서 소소한 이야기를 상상했지만, 그렇지 않다. 난마처럼 얽히고설킨 '성주'에 설치한 '고고도 미사일 사드' 문제를 풀 고금(古今)을 아우른 '인상여'를 통해 수백 권을 능가하는 비책을 들춰 보이고 있다. '인상여'는 조나라 혜문왕 때 충신이자 책사다. 매번 위기가 닥치지만, 조나라가 아무것도 잃지 않도록 기여한 협상가이자 전략에 능한 충신이다. 그렇지 못한 대한민국의 현실에 대한 불만을 초특급 발설을 통해 시원스럽게 해소하고 있다.

 지금껏 왕광옥 시인의 많은 시를 일별해 보았다. 문학적 출발과 과정 그리고 앞으로의 진전될 행로까지 추이를 통해 상상해 보았다. 가장 확실한 것은 건강한 현재의 시간을 통해 '나'가 아닌 '우리'라는 공동체를 지향하는 문학적 범주에서 윤리적인 가치의 위중함을 환기했다는 데 있다. 그 과정에서 모성적 섬세한 감각으로 교차와 확장을 자유롭게 구사하는 언어적 상상력을 시적으로 보여주었다. 부분적으로 언어의 중의성을 통해 왕광옥 시가 가볍지 않다는 확인도 가능했다. 일상 언어를 진술에 그치지 않고 내면의 질서를 재현하여 윤리적 가치로 환원하려는 노력은 시가 관념에 갇혀서는 안 된다는 변별성으로 볼 수 있다. 시인이 시적인 것으로 드러낸 변별성을 흔치 않은 개별성이라고 본다면 완미함의 즐거움도 큰 것이다. 그런 흐름을 진전시켜 고유성으로 맥락화해 간다면 저변(민중)에서 생성된 담론도 시 안에서 충분히 주목할 만하다는 것이다. 시가 언어유희가 아니란 것을 확인시켜준 왕광옥 시인의 시사성이 강한 시적 출현과 성장의 도래를 긍정하고 싶다.